AF224508

On
r62

TITRES DE NOBLESSE

DES FAMILLES

ALZAYBAR, ARTETA

ARTABE, PADURA

Renseignements historiques très-curieux sur ces familles

TRADUITS DE PARCHEMINS MANUSCRITS AUTHENTIQUES DU 18ᵉ SIÈCLE

PAR L'Abbé DURAND

Ancien Missionnaire, Professeur des Sciences géographiques à l'Université catholique de Paris,

Archiviste-Bibliothécaire de la Société de géographie de Paris,

Membre de plusieurs sociétés savantes.

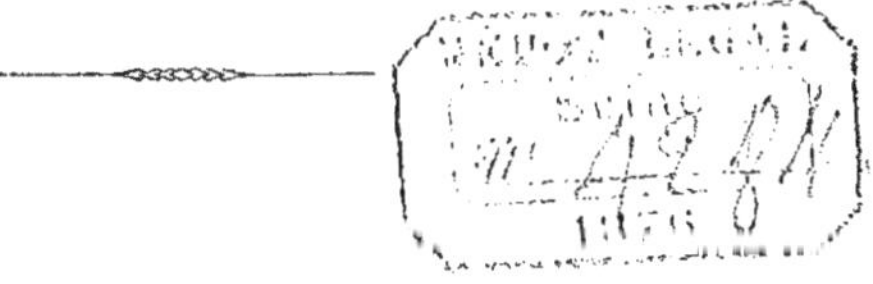

PARIS

IMPRIMERIE CENTRALE DES CHEMINS DE FER

A. CHAIX & Cⁱᵉ

RUE BERGÈRE, 20, PRÈS DU BOULEVARD MONTMARTRE

1876

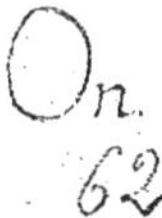

ATTESTATION DE NOBLESSE ET D'ORIGINE des famille d'ALZAYBAR, ARTETA, ARTABE et PADURA, et description de leurs armes, par *Don Jean-Alphonse Guerra y Sandoval,* chevalier de l'ordre de Saint-Jacques, premier chroniqueur et le plus ancien roi d'armes du roi don Philippe V, prieur des ordres de Saint-Jean de Castille et de Léon, et des ordres militaires de Saint-Jacques de Calatrava, d'Alcantara et recteur perpétuel de la ville impériale de Tolède.

<hr>

Parmi les familles qui ont veillé avec un soin jaloux à ce que leur nom ne soit souillé d'aucune tache et à la conservation de leur honneur, citons les descendants des très-nobles et très-illustres ALZAYBAR, ARTETA, ARTABE, PADURA, dont nous allons exposer la noblesse et les mérites d'après les principaux classiques et les généalogistes les plus véridiques.

<hr>

I.

De la Noblesse Basque

Parmi les familles espagnoles qui se distinguent par une noblesse illustre héréditaire, il en est une dont les premiers auteurs méritèrent les plus grands éloges à cause de leur valeur et leurs hauts faits accomplis en chassant les nations étrangères et barbares des provinces cantabres où s'étaient réfugiés les Espagnols opprimés par les Maures.

C'est pourquoi la race cantabre et basque ne s'est pas mélangée avec les autres nations et a conservé sa première noblesse. En effet, ce peuple prétend descendre de Tubal, cinquième fils de Japhet et petit-fils de Noé, noblesse et privilége qui surpassent ceux de tous les autres gentilshommes.

Ainsi donc les Basques ne laissèrent jamais une autre nation prendre pied sur leur territoire et se sont toujours gouvernés par eux-mêmes, malgré les attaques des Maures, qui avaient conquis le reste de la monarchie espagnole. C'est de leur sang qu'est sorti l'invincible champion *don Pélage*, fils de *don Phabila,* duc de *Cantabrie,* qu'ils aidèrent de tout leur pouvoir sans secours étrangers, pendant cent quatre-vingt-douze ans, ainsi que les Navarrais, tout en attaquant les possessions de l'ennemi.

Enfin, ils firent une confédération avec les Navarrais; avec eux ils reconquirent une partie des provinces perdues et portèrent secours aux Asturiens.

Lès nobles de la Biscaye ont donc établi leurs maisons et leurs châteaux sur des titres de gloire si antiques qu'ils se perdent dans la nuit des temps, et leurs descendants les ont conservés avec un soin ja oux dans leur lustre primitif, en ne permettant pas à un seul étranger de s'établir sur leur territoire et en maintenant les droits de la religion catholique même au milieu de leurs plus grandes discordes. Pour cette raison et à cause des grands services qu'ils ont rendus, ils ont attiré l'attention des rois d'Espagne.

C'est pourquoi Charles-Quint, par une cédule octroyée à Valladolid le 13 juillet 1527, leur a accordé que, dans la Biscaye, il ne serait donné ni domicile, ni droit de voisinage à tout et quiconque n'aurait pas préalablement prouvé dans l'espace de six mois qu'il est gentilhomme notoire et pur de tout sang étranger. A ce privilége il en fut ajouté un autre non moins appréciable ; il accorde aux Basques de ne pouvoir être extraits de leur territoire pour aucun crime, à l'exception de celui de lèse-majesté. Quant à ceux qui résident hors du territoire de leur patrie, s'ils veulent jouir de leurs droits de noblesse, ils doivent prouver que leurs pères et leurs aïeux sont naturels de Biscaye et veiller à la conservation des libertés et des franchises de leur pays. Ainsi, les rois d'Espagne doivent venir prendre possession de la Biscaye dans l'espace d'une année de la même manière qu'ils se sont installés sur leur trône.

On reconnaît ces illustres maisons à leur palais. Parmi ces familles de haute noblesse, il faut distinguer celle d'Alzaybar, dont les généalogistes et le chroniqueur et le roi d'armes de don Philippe IV expliquent les armes dans le Catalogue général de la noblesse d'Espagne.

II.

Famille Alzaybar

Ces auteurs affirment que la famille d'Alzaybar est d'une telle antiquité qu'avant la conquête des Maures, elle était en possession d'une illustration très-notoire, que ses héros, issus des premiers Cantabres, rendirent de nombreux services pendant la conquête des Maures et à la restauration de la monarchie espagnole, époque à laquelle les plus hautes charges leur furent confiées. Ils citent les châteaux nombreux venant des aïeux des Alzaybar à Bilbao, à Portugal, à Mondragon, à Marin, à Ochandiano, à Lecuestio et à Lémona, les glorieuses conquêtes auxquelles ils ont participé, celles de la Castille, de l'Andalousie et des Amériques, où ils ont toujours conservé notoirement en grande estime la possession de leurs titres de noblesse sans qu'il y ait été ni vu ni entendu quoi que ce soit de contraire. C'est ce qui s'est vérifié dans don Diego de Alzaybar, général de la flotte de la Nouvelle-Espagne en 1585.

L'original de ces Chroniques (cahier 38, pag. 1125) ajoute que : don *Barthélémy*, don *Francisco* et *Josepha Cathalina* furent les enfants de : dona *Isabel de Alzaybar*, et petits-fils de dona *Juana de Alzaybar*, tous descendants de cette très-noble maison.

Les seigneurs de la Biscaye firent des prodiges de valeur à la bataille de las *Navas de Tolosa* et participèrent à la conquête de Séville, sous le commandement du saint roi Fernando. Là se trouvait le renommé et valeureux capitaine *Martin de Alzaybar*, père d'un grand nombre de chevaliers en Castille et en Andalousie, desquels naquirent don *Juan de Alzaybar, Recalde;* dont les enfants s'allièrent avec les plus illustres maisons de ces royaumes, tels que les *Condé, Reyna, Recalde, Franco, Brabo* et autres.

Le général don *Diego de Alzaybar* se maria, dans la ville d'Utrera, à dona *Maria Fernandez Davila,* de la très-excellente famille *de las Navas :*

Ce mariage allia ces gentilshommes avec les fils de don *Antonio de Toledo, marquis de Tello ;* dont la femme dona *Maria Davila y Navarreto* était parente de la précédente.

Don *Diego de Alzaybar* et dona *Maria Fernandez Davila* eurent pour enfants :

Don *Juan,*
Dona *Maria,*
Don *Joseph,* qui mourut sans enfants,
Don *Jinès.*

Don *Jinès* épousa dona *Maria Ferrer,* de la noble et ancienne famillle des *Ferrer, marquis d'Almenar.*

De ce mariage naquirent :

Dona *Josepha Alzaybar.*

Elle épousa don *Luiz Isquierdo,* gentilhomme bien connu, dont les titres sont enregistrés aux chancelleries de Valladolid et de Grenade et dont la famille a toujours maintenu l'honneur de son rang.

L'écu de cette famille représente sur champ d'argent un arbre vert avec un fil d'or ; de la branche de l'arbre descend une chaîne de couleur naturelle à laquelle est suspendue une chaudière noire sur les flammes d'un feu, ainsi qu'on peut le vérifier dans le premier quartier de l'écu qui est au commencement de ce livre.

Tel est le blason du chef d'escadre et général don *Francisco de Alzaybar,* chevalier de l'ordre de Saint-Jacques. Ainsi qu'il conste d'après : 1° le titre enregistré le 8 septembre 1740 à Saint-Ildefonse; 2° le registre de Buenos-Ayres.

Il fut baptisé à Lémona, le 12 juin 1695, et son père don *Francisco de Alzaybar* l'avait été également dans cette ville, le 10 février 1654. Ainsi qu'il conste d'après le registre de baptême.

En fait foi également le contrat de mariage passé, le 22 août 1689, par-devant les écrivains publics, Thomas de Guerra et Andre Jauregiza, attestant son mariage avec dona *Maria de Arteta*, baptisée le 16 décembre 1664.

III.

Famille Arteta

Nous vous en dirons autant pour les *Arteta* ou *Arteita*. Au témoignage du chroniqueur *Alonzo de Torres*, dans son Armorial général de la noblesse d'Espagne, c'est une famille des plus anciennes, dont l'origine est des plus certaines et la noblesse des plus illustres, qui descend de la très-noble et très-loyale principauté de Biscaye.

Leur château est situé dans la ville de *Lequeitio*, fondée par les rois de Navarre.

Les gentilshommes de cette maison se sont répandus dans la Biscaye et dans les autres royaumes de l'Espagne, qu'ils ont servis de leurs armes en jouissant toujours des priviléges de leur noblesse, acquis par leur valeur au service des rois. Leur naissance et leur habileté politique, leur capacité militaire leur firentconfier différents emplois élevés.

Une branche de cette famille s'établit dans la province de *Guipuzcoa*, où l'on voit un de ces châteaux dans la ville de *Zubieta*, située sur le territoire de la ville de Saint-Sébastien. Elle changea ses armes pour diverses raisons qu'elle n'a pas publiées.

Les Arteta se répandirent en Castille, en Andalousie et dans l'Aragon. Ils passèrent en Amérique au service du roi et s'y distinguèrent d'une manière éclatante.

Ils sont alliés à l'illustre famillle de *Landa Berde*.

En effet,

1° Dona *Mariana de Villa Réal Arteta* épousa don *Alonzo de Landa Berde*.

Ils n'eurent pas d'enfants. Devenue veuve,

2° Dona *Mariana* épousa son cousin don *Agustino Terreros de Villa Réal*, né à Bilbao :

Fils légitime de *Barthélemi de Terreros* et d'*Augustina de Villa-Réal y Arteta*.

Ce mariage allia donc la famille Arteta à celles de *Terreros*, de *Martinez*, de *Pando la Torre* et autres.

En effet, don *Agustino Terreros* était petit-fils : 1° de *Bartholomé de Terreros* et de *Maria, Martinez Pando;* 2° de *Bartholomé de Terreros* et de *Elvire de la Torre*, tous deux nés dans la vallée de Turcios.

D'autre part, dona *Augustina de Villa Réal Arteta* était : 1° fille d'*Agustino de Villa Réal Arteta*, époux d'*Ana de Barambio*.

2° Petite-fille de *Sébastien de Villa Réal Arteta*, époux de dona *Perez de Aguirre*, père et mère de don *Francisco de Villa Réal*, de l'ordre d'Alcantara, qui resta au service de Sa Majesté pendant 31 ans, dans ses armées de terre et de mer, en qualité de :

1° Vehedor général de Flandre;

2° Receveur général de cet État, et de la Nouvelle-Espagne, où il mourut en 1628.

Il avait épousé dona *Augustina de Mendoza y Guadelajara ;* de ce mariage naquirent :

1° *Juana de San Francisco, Monja de San Geronimo de Mexico;*
2° *Pedro de Villa Réal Arteta.*

Comme son père, celui-ci prit du service en 1623 et resta treize ans dans la garde du Territoire indien.

Pendant ce temps, il fit neuf voyages à la *Terre ferme* et à la Nouvelle-Espagne, où il obtint les emplois de *payeur général* et *vehedor de l'argent* (1639).

Pendant qu'il faisait l'inspection de son escadre, son navire fut poussé par la tempête sur l'une des îles Bermudes; il avertit le reste de l'escadre par des décharges d'artillerie et la sauva d'un désastre imminent. Il fit débarquer sur cette île 300 marins et soldats, les y conserva pendant quatre mois jusqu'à ce qu'il put les envoyer dans sa propriété à la Havane (1645).

En 1647, il obtint le titre de *Trésorier de la Nouvelle-Grenade* et de *protecteur général des Indiens.*

Ensuite il fut *Alcade-major des mines d'argent* de Santa Ana de Saint-Joseph de Frias jusqu'en 1667, année de sa mort. Il fut enterré dans la chapelle de Notre-Dame du Rosaire, à Santa Fé de Bogota.

Il avait épousé dona *Maria Landa Berde*, née à Séville, fille de *Nicolas Landa Berde,* né à Bilbao, et de dona *Maria Herrera*.

Ses enfants se répandirent dans les États d'Amérique et s'allièrent toujours avec des familles d'une noblesse égale à la leur.

D'après l'Armorial d'Espagne, l'écu des Arteta est ainsi composé :

Une croix dont les branches sont de sable (noir) sur champ d'argent, entourée dans un cadre dont le champ est rouge ; sur les baguettes de ce cadre sont huit mailles de chaînes en or. Cet écu fait le second quartier des armes de don *Francisco de Alẓaybar y Arteta,* de l'ordre de Saint-Jacques-Compostelle, chef d'escadre général, commandant de la place et directeur de la douane de Buenos-Ayres.

1º Fils légitime de dona *Maria de Arteta*, fille légitime de *Martin de Arteta, seigneur de la Casa Solar,* né en 1632 (livre de baptême), qui épousa, le 11 août 1664 (livre des mariages), dona *Marina de Ybarreche Vea*, née le 9 juillet 1636 (livre de baptême), fille légitime de :

Juan Ybarreche, baptisé le 1er novembre 1676, qui épousa, le 7 juin 1631, dona *Maria Joannès de Olea*, baptisée le 20 août 1616 (registre).

2º *Martin de Arteta, seigneur de Casa Solar*, était fils légitime de don *Pedro de Hereno Arteta, seigneur de la Casa Solar de Arteta ;* il fut baptisé le 21 octobre 1606.

Il épousa, le 10 avril 1637, dona *Maria Marlineẓ de Sarricolea*, fille de la *Casa Solar*, baptisée le 12 septembre 1611.

Ainsi donc *Martin de Arteta* descend légitimement par les femmes des Solar, et de plus par son aïeule paternelle dona *Marina de Artabe,* de la famille *Artabe*, comme nous allons l'exposer.

IV.

Famille Artabe

De même que les nobles familles *Alzaybar* et *Arteta*, la maison d'*Artabe*, appelée encore *Arzabe*, jouit de temps immémorial de la plus grande considération dans la principauté de Biscaye. Au témoignage de don *Juan de Mendoza*, chroniqueur et roi d'armes de Philippe, le premier château de cette famille, qui date d'une antiquité immémoriale, se trouve sur le territoire de *Zalla*, dans la vallée de *Salcedo*, au lieu dit *Artabe*, qui est leur nom.

Les aïeux de cette famille sont connus comme les conquérants et les colonisateurs de ce lieu, auquel ils ont donné leur nom, ce qui prouve l'antiquité de leur noblesse.

Leurs descendants augmentèrent cette noblesse : 1° en défendant et maintenant avec fermeté en toute occasion les droits, honneurs, fueros et priviléges de la Biscaye; 2° en participant avec courage à la bataille livrée aux Maures par l'infant don Ordono, fils du roi don Alphonse le Grand de Leon, dans les champs de *Padura.*

Or, il y fut versé tant de sang, que depuis on donna à ce lieu le nom d'*Yrrigorriaga* (*pierres rouges*). C'est en mémoire de cette victoire mémorable que don *Zurcia* mit deux loups dans ses armes et en ajouta un à celui qui était déjà représenté dans celles de la Biscaye.

A partir de ce jour, la noble famille Artabe mit dans ses armes un loup noir marchant.

3° L'un des chefs de cette maison se distingua grandement à la bataille de *Tarifa* ou du *rio Salado*, de la rivière Salée, près duquel elle fut livrée par Alphonse II, au roi du Maroc, dont l'armée formidable fut écrasée.

Par suite de ses prouesses dans cette bataille, il lui fut accordé le droit de porter l'écu suivant sur ses armes.

Sur champ d'or, un arbre aux feuilles vertes parsemées de fruits d'or ; sur l'herbe, au pied du tronc, s'avance un loup noir.

C'est l'écu qu'a le droit de porter don *Francisco de Alzaybar, Arteta y Artabe*, de l'ordre de Saint-Jacques, chef d'escadre général, gouverneur de la ville, directeur de la douane de Buenos-Ayres, comme petit-fils de dona *Marina de Artabe*. Elles forment le troisième écu de ses armes. Dona *Marina* fut baptisée le 18 novembre 1612, à Lémona et mariée le 20 août 1633 avec :

Don *Juan de Alzaybar*, baptisé à Lémona, le 1er avril 1610.

Elle était fille légitime de :

Don *Juan de Artabe*, mariée le 1er septembre 1590, à Lémona avec :

Dona *Marina de Padura*.

Don *Juan de Artabe* et son fils *Juan de Artabe* jouirent de tous les priviléges et exercèrent tous les droits de leur noblesse.

Il remplit les fonctions de *gouverneur,* de *procureur général,* de *majordome* et autres qui sont le partage de la noblesse.

De ce mariage naquirent deux fils :

Lucas de Artabe, qui passa aux Indes,

Et *Francisco de Artabe.*

Après avoir prouvé l'antiquité, l'origine et la pureté de leur noblesse, ceux-ci ont été déclarés originaires de Biscaye et reconnus alliés à des familles d'égale noblesse, telles que celles d'*Arecha, Sollano, Ybarra de la Cabes, Ramos, Dias* et autres de noblesse inférieure, et déclarés pouvoir ajouter à leur nom celui de *Padura*.

V.

Famille Padura

Entre les plus grandes et les plus anciennes familles de Biscaye, celle de Padura occupe une place très illustre.

Son premier château était situé en Cantabrie, au lieu de *Padura*, que les siècles ont fait tomber en ruines.

Les descendants de ses fondateurs sé sont répandus depuis dans différents pays et surtout dans la noble principauté de Biscaye, où se trouve aujourd'hui le château de *Padura*, en la ville de Lémona.

Le bisaïeul de *Francisco de Alzaybar* fut *gouverneur et seigneur de cette ville*. Ses nobles descendants passèrent soit dans les autres royaumes d'Espagne, soit aux Indes.

Dans ces pays, les uns fondèrent plusieurs localités de leur nom; l'une dans la province d'*Utagaos*, l'autre dans celle de *Paramillo*, à l'embouchure du *Cauca*, dans le gouvernement d'*Antiochia* (Nouvelle-Grenade.

Les autres se distinguèrent au service du roi, tels que *Sancho Padura*, pendant la conquête du royaume de Murcie et pendant les guerres de l'Andalousie.

C'est pour cela qu'ils ont le droit de se servir de l'écu suivant: Sur champ vert un château fort est bâti sur des rochers, qui émergent d'ondes d'argent et d'azur. C'est le *quatrième quartier* qu'a le droit de porter sur ses armes don *Francisco de Alzaybar, Arteta, Artabe y Padura*, en sa qualité de petit-fils de dona *Antonia de Padura*, baptisée le 30 août 1586 à Lémona et mariée, le 19 septembre 1605, avec don *Juan de Alzaybar de Ucharaguin*, fils de la maison de son nom, *seigneur du château de Padura*, situé devant l'église de Lémona, baptisé en l'église de Galdacano, en Biscaye, le 15 novembre 1569.

Dona *Antonia de Padura* était fille légitime de don *Martin de Padura* et de dona *Maria de Yurrebasa*, son épouse, mariée le 7 septembre 1585.

Don *Francisco de Alzaybar*, comme ses aïeux, a servi le roi dès l'âge le plus tendre et occupa des emplois dignes de sa haute naissance et de ses services, tels que ceux de *général* et de *chef d'escadre*.

En 1728, par ordre du roi, il conduisit aux frontières de Buenos-Ayres et de Montevideo 400 soldats et 57 officiers, avec 200 familles de colons émigrant des îles Canaries, avec lesquels il *fonda la ville de Saint-Philippe de Montevideo et bâtit son église Matrice*.

De retour à la cour d'Espagne en 1732, don *Francisco de Alzaybar* fut chargé de conduire dans ces pays le gouverneur capitaine général, don Miguel de Salcedo, brigadier des armées royales et les missionnaires de la *Compagnie de Jésus*. Après avoir pris possession de ses fonctions, le gouverneur l'envoya bloquer et attaquer la colonie portugaise de *Sacramento*. Alzaybar prit un grand nombre de navires, fit un certain nombre de prisonniers, s'empara de la ville, rasa les propriétés du gouverneur de cette colonie, don Antonio Pedro de Vasconcellos, dont il enleva les armes placées au-dessus de leurs portes.

En récompense de ces succès, le gouverneur général octroya à Alzaybar le droit d'ajouter *les armes de Vasconcellos* aux siennes, ce qui fit grande sensation en Espagne et en Amérique.

Afin que le dit don *Francisco de Alzaybar*, *Arteta*, *Artabe y Padura* ait le droit de se servir de ses armes, comme il est d'usage dans la noblesse, suit : la cédule royale qui le nomme chevalier de l'ordre de Saint-Jacques, en date de Saint-Ildefonse le 8 septembre 1740, signée : *Moi le Roi; Yo el Rey* et don *Vicente de Quadros* secrétaire du roi, enregistrée par le chancelier don *Juan de Hortega*, certifiée par le *chroniqueur et roi d'armes du roi Philippe V*, chargé de certifier la vérité et l'authenticité des armes et généalogie de la noblesse espagnole, le 7 septembre 1740, et qui a signé avec le sceau de ses armes.

Juan Alphonse Guerra y Sandoval ; signature certifiée le même jour par trois écrivains publics de Madrid et, le 7 septembre 1744, par le secrétaire de la municipalité de Madrid, qui a signé et apposé les armes de la ville sur le Mémoire dont nous avons donné l'analyse.

Observation. — La descendance directe de ces illustres familles se trouve représentée aujourd'hui, à Montevideo, par les *Solsona*, dont l'arrière-grand'mère était la dernière descendante des *Alzaybar*. L'héritage total s'est donc ainsi trouvé concentré entre les mains d'un *Solsona*, père des *Solsona* actuels.

ARBRE GÉNÉALOGIQUE

Ligne féminine.   *Ligne directe.*   *Ligne féminine.*

Ligne directe :

1°
DON JUAN DE ALZAYBAR
DE OCHARAGUIN
époux de
ANTONIA DE PADURA
eut pour fils
N°

2°
DON JUAN DE ALZAYBAR
époux de
MARINA DE ARTABE
eut pour fils

3°
DON FRANCISCO
DE ALZAYBAR
époux de
MARIA ARTETA
t pour fils

4°
DON FRANCISCO
DE ALZAYBAR, ARTETA
ARTABE Y PADURA
chef d'escadre, Gouverneur et
Directeur de la douane
de Buenos-Ayres

Ligne féminine (gauche) :

MARTIN DE ARTETA
époux de
MARINA DE YBARREHCE VEA
père et mère de
MARIA DE ARTETA
N° 3

6°
PEDRO DE HERENO ARTETA
époux de
MARIA MARTINEZ
DE SARRICOLEA
père et mère de
MARTIN
N° 5.

7°
JUAN YBARRECHE
époux de
MARIA JOANNÈS DE OLEA
père et mère de
MARINA
N° 5

Ligne féminine (droite) :

8°
JUAN DE ARTABE
époux de
MARINA DE PADURA
père et mère de
MARINA DE ARTABE
N° 2

9°
MARTIN DE PADURA
époux de
MARIA DE YURREBASO
eut pour fils
N° 1

IMPRIMERIE CENTRALE DES CHEMINS DE FER. — A. CHAIX ET Cie, RUE BERGÈRE, 20, A PARIS. — 5530-6.